¡Ssssssh hhhhhhhhhh!

Haz del teatro algo íntimo

Llévalo siempre en el bolsillo

Cubierta y diseño editorial: Éride, Diseño Gráfico
Dirección editorial: ángel jiménez
Imagen de cubierta: Exeria - PICRYL (Creative Commons)

Primera edición: septiembre, 2025

Egeria
© Paula Guadalupe
© VdB, 2025
Espronceda, 5
28003 Madrid

VdB®

ISBN: 979-13-87644-37-6
Depósito Legal: M-18813-2025
Diseño y preimpresión: Éride, Diseño Gráfico

Este libro protege el entorno

Egeria

Historia de la primera escritora de viajes
de Occidente

Paula Guadalupe
(Badajoz, 1998)

Escritora y profesora de español como lengua extranjera en la Universidad Complutense de Madrid. También ha impartido clase en Alemania. Ha estudiado Lenguas Modernas en la Universidad de Oviedo y también cursa Filosofía en la UNED.

A los diecinueve años publicó su primer libro, *Las voces de la marea*, con el que obtuvo el primer premio en el VII Concurso Literario Universidad de Oviedo. Unos años después publicó *La palabra libertad*, una novela que describe los peligros de un mundo sin arte y que analiza nuestra relación actual con la información y la tecnología. En 2022 publicó también *El libro de los mitos prohibidos*, una reinterpretación moderna de las mujeres de la cultura grecolatina que pone en tela de juicio la herencia clásica de los mitos. Tambien es autora de la traducción al español de la obra de teatro francesa, de Maurice Galland y Emmanuel Marigno, *Don Quijote y las mujeres* con la editorial Luna de Abajo.

Ha colaborado como redactora y editora en la revista cultural *Littera*, en la que se exploran temas que pretenden acercar la cultura a un público joven, y se ha escucha su voz como locutora de radio en el programa *Noche tras noche* de RPA, donde siempre está recomendando libros y películas.

Ha sido galardonada en dos ocasiones con el premio a mejor guion de cortometraje juvenil del Festival de Cine de La Almunia con las obras *A tiempo* y *El hombre de papel*.

Recientemente ha sido galardonada en el III Premio Relato filosófico joven de FILOSOFÍA&CO con su relato *La fragilidad del fuego*, donde trata de hacer divulgación filosófica a través de algo tan cotidiano como es el fin del amor.

Egeria supone su debut en el género teatral.

Paula Guadalupe

Egeria

Historia de la primera escritora de viajes de Occidente

Esta obra se estrenó en los Teatros Luchana, de Madrid,
el 12 de septiembre de 2025, interpretada por Rebeca Fer (Egeria),
Marta Agrelo (Silvia), Helia González (Hipatia) y Joan Salas (Petrus).

Dirección: Rebeca Fer.

Curiositas tibi libertatem
La curiosidad te hará libre

Prólogo
Por qué es importante que se escriba esta historia.

Me siento heredera de esas mujeres
que desde siempre han tejido y destejido historias.
Escribo para que no se rompa el viejo hilo de voz.
Irene Vallejo

Las historias en minúscula

Esta historia es, a priori, solo una historia más. Sin embargo, remite a una cuestión más grande, a la de la Historia con mayúscula, a sus múltiples silencios y a los espacios oscuros que deja. Somos muchas las que no dejamos de sorprendernos ante cada misterio que atesora, y cuando la creíamos acabada, terminada, definitiva, desenterramos uno de sus pedazos. Lo traemos de nuevo a la vida y nos preguntamos cómo podía habérsenos pasado por alto. Escribir se convierte en toda una arqueología y, en muchos casos, aquello que no se encuentra explica mucho más que lo que sí se encontró. Parece que siempre nos han contado un relato que, no obstante, contiene chirridos, vientos del norte que silban. Produce ecos, sonidos muy extraños que parecen protestar ante su encierro, como las voces de los titanes del Tártaro. Detrás de él, como siempre, está el mito. ¿Qué mundo hace posible vivir la historia que nos contamos?

Tal vez sea necesario empezar a entender la historia en su pluralidad, donde frente a los grandes relatos que legitimaron nuestra cosmovisión durante siglos se encuentren otros, los que van en minúsculas, esos que, a pesar de ello, han llegado hasta nosotros como reverberación silenciosa que ya no puede ser ignorada. Es hora de examinar también esa(s) historia(s), la que es por definición herejía y omisión, la que permitió a su otra cara de la moneda adoptar la letra mayúscula. No debería sorprendernos que sea precisamente aquí donde encontramos la historia de las mujeres.

Cuando viajamos hasta la antigüedad, la historia de las mujeres se trata a menudo de una reconstrucción a oscuras. Por suerte, contamos con dos aliadas: la ficción y la palabra escrita.

Cuando iba al instituto, una de mis profesoras solía reñirme por lanzarme notas en clase con el resto de mis compañeras, ya que una vez eran interceptadas, no había excusa posible: «lo escrito se queda». Eso ha resultado ser, a estas alturas, más bendición que maldición, ya que de no ser por las que escribieron antes, tal vez esta obra no existiría. Sin embargo, hemos de realizar un apunte: no se nos olvida de que el caso que venimos a contar es de una excepcionalidad asombrosa. Pues si bien tenemos la inmensa suerte de incluir a estas mujeres en este relato, hay muchas otras voces femeninas que se han quedado en el tintero. La historia de las mujeres que escribieron es también una historia con silencios y privilegios, con distintos grados de poder, pues en esos recovecos habitan las voces de quienes ni siquiera pudieron aprender a leer y escribir, que son muchas —su inmensa mayoría— y, en su memoria, yo quiero apelar a la ficción: a que no dejemos nunca de pensar en ellas, las que susurraban historias al calor del fuego, esas voces ancestrales que no sabemos de dónde vienen, pero que, aun así, llevamos dentro.

Agarrarse a las palabras como a un salvavidas. Es lo que sin duda pareció hacer nuestra protagonista. Que su aventura nos sirva para dos cosas: para hacernos preguntas y para dejar volar la imaginación.

Egeria, una viajera que desafió los confines del mapa

Egeria vivió en el siglo IV d.C. y era natural de algún lugar de Gallaecia. Sabemos que venía de una familia adinerada y no hemos de pasar por alto ni sus condiciones materiales ni su clase social elevada. Una gran dama cristiana en un Imperio Romano que está a punto de cambiar. Aquí entra en juego otra pregunta que debemos hacernos: ¿cómo afectó la religión a la vida de las mujeres? Sabemos que el pensamiento cristiano las encerró para siempre en su papel de costilla de Adán. Un anexo, un añadido, un personaje secundario. Sin embargo, lo verdaderamente interesante fue que la religión se convirtió para algunas en una vía de escape. Sabemos que más adelante, durante toda la Edad Media, muchas mujeres recurrieron a la vida asceta y a los conventos porque esto les permitía el acceso a una vida intelectual y mística. Entregarse a Dios era la posibilidad de no tener que entregarse nunca a un marido, y en un mundo en el que esto último era la norma, la libertad que podía otorgar la religiosidad confirió a estas mujeres un espacio inusual dentro de la sociedad que les tocó vivir.

En tiempos de Egeria las cosas aún no eran así del todo. Tenemos que pensar que cuando ella inició su peregrinación, apenas hacía un año que Teodosio había promulgado el Edicto de Tesalónica, convirtiendo el cristianismo en la religión oficial del Imperio, lo que provocó un *boom* turístico de época fuera de lo común. Resulta que los coliseos y los anfiteatros estaban en quiebra, los combates de gladiadores se iban prohibiendo poco a poco hasta desaparecer. Cuando Egeria emprendió su aventura, lo que realmente estaba de moda era ir a conocer Tierra Santa. Egeria no actuó inconscientemente, sino siguiendo la tendencia de las damas adineradas de su época. ¿Eran todas profundas devotas o era la salida que las dotaba de una mayor libertad? Tanto si imperaban deseos de ver con sus propios ojos todo aquello que la nueva fe iba pregonando o simplemente fue la puerta abierta que encontraron para descubrir los confines del mundo, la valentía de las mujeres que iniciaban estos viajes tampoco debe pasarse por alto. Estamos hablando de una época en la que el recorrido se hacía a pie o tal vez a lomos de un burro y duraba cerca de un lustro, por lo que la resistencia física necesaria, además de los peligros que acechaban en los caminos, debía de ser bastante disuasoria.

Puede que en nuestra época globalizada no impresione tanto, pero os invito en esta obra a que viajéis conmigo: al año 381 d.C., año en el que Egeria, ni corta ni perezosa, emprende un camino que va desde Astorga hasta Mesopotamia. Sabemos que pasó por lugares como Tarraco y que, tras cruzar los Pirineos, tal vez atravesara la Vía Domitia por la Galia y continuara por todo el norte de Italia hasta cruzar el Ródano. ¿Qué peligros tendría que enfrentar cruzando el lejano Éufrates? ¿Eran acaso más inofensivos que los de la corte de Constantinopla? ¿Qué lazos familiares la unían con aquella ciudad y cómo consiguió estar respaldada nada más y nada menos que por una familia de emperadores? ¿Habría hombres sabios en Tarso? ¿Encontraría hombres buenos en Capadocia? ¿A qué otras mujeres que viajaban solas conoció en el camino que atraviesa Antioquía? ¿Creyó en Dios o dudó de él al llegar a Jerusalén? ¿Sería aquella ciudad todo lo que ella, desde Gallaecia, había imaginado? ¿Creyó morir de soledad en el desierto de Tebaida? ¿Tuvo que huir, tuvo que luchar, tuvo que dejar amistades por el camino? ¿Pudo olvidar las heridas del pasado? ¿Qué pensó la primera vez que vio la inmensidad del mar? ¿Se enamoró alguna vez? Cientos de preguntas me asaltan en la cabeza ante la perspectiva de un viaje tan largo e insólito.

Realmente sorprende la circulación de personas dentro del Imperio Romano y la red de calzadas, lo que posibilitó que nuestra incansable aventurera recorriera más de cinco mil kilómetros. Y sabemos de su aventura porque no contenta con ello también hizo algo extraordinario: documentar su recorrido, escribiendo, sin saberlo, el libro de viajes más antiguo que hasta la fecha hemos descubierto en todo Occidente. Y sí: está escrito por una mujer.

No sabemos cómo continuó el viaje de Egeria, ni siquiera si llegó a regresar o no a su Gallaecia natal. El resto de su recorrido se pierde entre la bruma. Esta es una historia de la que desconocemos el final. Y, sin embargo, supongo que nos enseña a abrazar el viaje, aun cuando no sabemos a dónde nos va a llevar. Especialmente entonces. Sea donde sea que terminase el recorrido de nuestra viajera, le dedicamos estos versos de Cavafis:

> Ten siempre a Ítaca en tu mente.
> Llegar allí es tu destino.
> Mas no apresures nunca el viaje
> Mejor que dure muchos años
> y atracar, viejo ya, en la isla,
> enriquecido de cuanto ganaste en el camino
> sin aguardar a que Ítaca te enriquezca.[1]

---

[1] Cavafis (2021), trad. Pedro Bádenas.

Un descubrimiento insólito

El *Itinerarium* cuenta con una historia por sí sola sorprendente y novelesca, como la de muchos otros documentos escritos que han tenido que sobrevivir en muchos casos a esa Historia con mayúscula, que a menudo censura, incendia y destruye tan vasta parte de su contenido. Tuvieron que pasar más de quince siglos para que el nombre de Egeria fuera rescatado de las llamas del olvido. No fue hasta 1884 que, en un convento italiano en Arezzo, el director de su biblioteca, Gian Francesco Gamurrini, hizo un descubrimiento extraordinario: encuentra un pequeño fragmento del *Itinerarium* escondido dentro de otro texto en un códice. Las mentes más imaginativas podemos echar a volar a partir de aquí: ¿cómo llegaron las palabras de Egeria hasta allí? ¿Quiénes escondieron su escrito? ¿Quiénes pretendían destruirlo? ¿Qué contaba Egeria, no en los fragmentos que sí se encontraron, sino en todo aquello que jamás se encontró? Creo que, más allá de las descripciones de los lugares sagrados y las liturgias, a mí me atrapó esa otra Egeria, la borrada.

Otro factor imposible de ignorar a la hora de desenterrar esta historia desde la ficción, es el hecho de que Egeria escribiera su peculiar cuaderno de Bitácora en forma epistolar. Sus vivencias están narradas en forma de cartas que suponemos que nunca envió, y sin embargo iban dirigidas a alguien. Van encabezadas por un «*dominae et sorores*», que no se refiere por el periodo histórico en el que están redactadas a ninguna congregación religiosa, sino nada más y nada menos que a sus amigas. Y aquí el lector que no se sorprenda tal vez ya sea porque no quiere dejarse sorprender. Estamos hablando de una mujer romana que, en el siglo IV d.C., no solo no contrajo matrimonio, sino que decidió emprender un viaje carísimo que duraría muchos años y del que nunca sabremos si llegó o no a regresar, y mientras lo hacía, resolvió ser los ojos de aquellas compañeras que no habían podido marcharse, a quienes iban dirigidas todas sus cartas. Frente a la ley inamovible del *pater familias*, el valor que esta parte del *Itinerarium* de Egeria da a la amistad es incalculable. ¿Cómo eran estas otras mujeres? ¿Las que no pudieron irse? ¿Soñaban con hacerlo y ser como Egeria? ¿Qué anhelos, amores y arrepentimientos aguardaban a Egeria en su Ítaca personal, allá en Gallaecia, a miles de kilómetros de donde se encontraba? Con este pensamiento en la cabeza surge el personaje, plenamente ficticio en la obra, de Silvia.

Silvia: la contradicción dentro de la feminidad.

Silvia nace en parte porque no hay Ulises que consiga dejar Ítaca atrás y no lleve ya, su casa, sus raíces y sus amores consigo. Y en parte porque creo que, como he mencionado antes, sí que es importante dar voz a esas otras mujeres: las que no escribieron nada. Las que sí vivieron en la norma que les tocó vivir y no por ello fueron menos impresionantes. Con el personaje de Silvia se evidencia una realidad: que la vida de las mujeres pertenecía al deber de la familia, y que no todas tenían la suerte ni el deseo de poder verse liberadas de este destino. Sobre todo, porque el precio de la desobediencia era la pérdida de la dote y la expulsión de la casa paterna. Repudiada y desheredada, ¿qué camino quedaba, en la práctica, para la mujer romana? Repartida entre la familia y el estado, la libertad aparente que parece ganar la mujer durante la época romana es una libertad vacía, tal y como analiza Simone de Beauvoir en *Le deuxième sexe*. La mujer romana es libre para nada, «solo se emancipa de forma negativa, pues no se le propone ningún uso concreto de sus fuerzas».[2] El precio de la renuncia se dibuja como algo demasiado elevado y no se encuentra al alcance de cualquiera. Dentro de este contexto, la religiosidad parece ser una manera de evitar el rechazo al mismo tiempo que permite conservar cierta independencia.

En el monólogo con el que finaliza el primer acto, Silvia nos expone, además, un problema bastante actual, y es que ser mujer supone un fracaso de antemano, ya que las exigencias que orbitan en torno a nosotras a menudo son contrarias entre sí. Una no puede

---

[2] De Beauvoir (1949), p. 154.

realizarse como sujeto y a la vez conservar el estatus social que otorga la familia. La incorporación de la mujer al trabajo no la ha relevado del trabajo doméstico ni de la carga de cuidados y es inevitable que su desarrollo entre en contradicción. Será mala amante, mala amiga, mala hija, mala madre, mala trabajadora: su rol nunca estará exento de todos los roles contrapuestos que está obligada a jugar. En Silvia estas contradicciones vienen dadas al estar enamorada de una mujer, algo que ya podemos imaginar que la aleja del rol al que la limita la sociedad patriarcal: el de reproductora de la fuerza de trabajo, es decir, el de madre, que es al mismo tiempo un deseo que también ella quiere ver realizado. Esta tensión entre las dos partes de sí misma que le son irreconciliables dará tensión a la trama, pues no puede vivir para siempre en un limbo y al final, deberá decidir si escaparse a cumplir el sueño de Egeria o quedarse a cumplir el impuesto por su padre. La verdadera tragedia del personaje de Silvia consiste en su intrínseca imposibilidad de lograr seguir su sueño propio.

Hipatia, vida y muerte de la filósofa alejandrina

Mientras tanto, la historia de Egeria se enmarca en un momento histórico sorprendente. Es el ocaso de la civilización antigua, con los últimos vestigios del Imperio Romano de Occidente, por donde empieza a asomar lo que será la visión del mundo medieval cristiano. Hay una ciudad en la que esta colisión de fuerzas culturales se está dando con gran fuerza, y ese lugar es la cuna de la cultura del mundo antiguo después de Mesopotamia y Atenas. Hablo de la gran Alejandría. En ella, contemporánea a Egeria, vivía una gran astrónoma, matemática y filósofa: Hipatia.

El encuentro que se produce entre estas dos mujeres en la obra es ficticio y, no obstante, verosímil. No deja de ser increíble que Egeria viajara a esta ciudad en el mismo periodo en el que la gran pensadora alejandrina impartía sus clases en la Biblioteca del Serapeo. Dos mujeres con destinos verdaderamente insólitos, creencias distintas y que, sin embargo, hubieran tenido mucho que decirse de haber podido intercambiar palabras.

La educación que recibió Hipatia también resulta extraordinaria para la época. Que las clases acomodadas y los futuros gobernadores alejandrinos se sentaran en torno a esta mujer, para recibir de ella instrucción y la trataran de maestra, es sin duda uno de los casos más distintivos de la excepcionalidad de la que hemos hablado antes. Por no hablar de las aportaciones concretas de esta erudita.

En astronomía, Hipatia estudió los modelos de explicación del universo que primaban hasta el momento: el de Aristóteles y Ptolomeo. Para Aristóteles, el universo era un círculo perfecto en cuyo centro se encontraba la Tierra, y el Sol y los planetas giraban a su alrededor. Ptolomeo va un paso más allá al darse cuenta de que el Sol no siempre estaba a la misma distancia de la Tierra, por lo que plantea un modelo que sigue manteniendo a la Tierra en el centro y al universo circular, pero en el que existirían pequeños círculos, epiciclos, lo que explicaría las variaciones en la dirección y el movimiento de los planetas y el Sol con respecto a la Tierra. Si bien Hipatia no llegó a plantear ninguna teoría heliocéntrica, estas ya existían entre algunos pensadores como Aristarco de Samos. Y aunque tendríamos que esperar hasta Copérnico para que el modelo heliocéntrico cogiera fuerza, el estudio de Hipatia a la hora de cuestionar los modelos aristotélico y ptolomeico es de una importancia sublime. El secreto estaba, como ya sabemos nosotros al estar familiarizados con las órbitas, en la concepción, errónea, de que el universo sea circular. Quizá Hipatia tuvo la osadía de desplazar a la Tierra de su centro, con lo que se explicaría por qué el Sol no siempre estaba a la misma distancia. Aunque esto dejara al centro del universo huérfano y abriera un misterio que tardaría aún muchos siglos en resolverse.

En cuanto a su filosofía, he querido no pasar por alto en la obra algo que considero que tiene importancia y que le da a Hipatia un destino aún más trágico: su condición de filósofa neoplatónica y la vinculación que tiene esta filosofía con el desarrollo del pensamiento cristiano.

El neoplatonismo gira en torno a la preeminencia ontológica de un solo principio, el Uno, que tendría una esencia divina, eterna, de la que todo emana y que sería superior a todo lo demás. Esta concepción resulta clave para el surgimiento de la filosofía medieval, en la que este Uno neoplatónico se convertirá en el Dios cristiano. Por lo que no deja de ser paradójico que Hipatia muera a manos de una enfurecida turba de creyentes que la desolló viva, condenándola por pagana.

Sin duda la muerte de Hipatia se ha convertido hoy en día en el símbolo de muchas cosas. Que en esta obra nos sirve para hacer eco de cuántas veces pretendemos destruir lo que no es otra cosa que algo que consideramos distinto y en el fondo no es más que lo que nos constituye, uno de los capítulos de nuestra historia que borramos con sangre para crear el falso relato de nuestra diferencia sustancial con respecto al resto.

Tendremos que esperar durante toda la Edad Media para que nos lleguen a través de los pensadores musulmanes todo el conocimiento perdido de la antigüedad que desaparece en esta época. En cualquier caso, con Alejandría en ruinas y el cuerpo de Hipatia ultrajado, podemos plantearnos bastantes preguntas: ¿mataron a Hipatia por no ser cristiana o por ser una mujer que ostentaba un poder que a ojos de todos los demás debería estar prohibido en su época? ¿Se temía, más que sus descubrimientos en ciencia, su gran influencia política? En tiempos de fanatismo, ¿es la lucha por conservar el conocimiento un delito penado con la muerte? Normalmente la sangre siempre busca borrar que otro mundo fue posible.

En los tiempos tan terribles en los que vivimos actualmente, donde el exterminio está a la orden del día, me gustaría que honráramos una última vez a Hipatia. Pues hay algo que parece evidenciarse una y otra vez. Es el hecho de que podemos matar y matar, y aún así, siempre quienes tenemos la responsabilidad de hacerlo, le hagamos eco, la voz no va a morir. ¿No son los asesinatos de periodistas y niños otro intento atroz de lograr esto? ¿De intentar aniquilar para siempre, y de la forma más terrible, la voz? Porque los primeros representan la memoria y los segundos el futuro. Dicho de otra manera: muere lo que no ha sido contado porque muere aquella historia que no se recuerda. Frente a las atrocidades que silenciamos y todas aquellas historias a las que nunca damos espacios, escribir se convierte en un privilegio. El resquicio de algo vivo. La palabra, en un hilo de la memoria.

Ante el horror, seamos el eco de las voces que sepultan, y así quizás mañana exista un pedacito menos de historia olvidada.

Petrus y la masculinidad como creencia transgredida

Por último, aparece en la obra otro personaje ficticio. Se trata del monje Petrus. Está documentado que Egeria mantuvo contacto a lo largo de su viaje con numerosas comunidades cristianas, y en esta época estaban surgiendo por todo el Imperio los primeros monacatos. También describió en el *Itinerarium* la subida que realizó al monte Sinaí, donde seguramente pernoctó acompañada de algún guía. La imagen del atardecer que contemplan Egeria y Petrus desde allí pretende hacer simbología del ocaso de un Imperio: el mundo tal y como lo conocen está a punto de desaparecer y dar comienzo a algo nuevo que ninguno de los dos vivirá para ver. En medio de un momento tan histórico, también las historias particulares parecen cobrar importancia: los contrastes entre ambos personajes harán que se planteen diferentes preguntas en torno a Dios, al amor y al deseo. Petrus aparece representado en la obra ya que no se trata de un hombre sin restricciones, sino que su vida asceta le pone unos límites que le harán empezar a comprender de forma vaga hasta qué punto las prohibiciones gobiernan la vida de las mujeres. Solo tras esa comprensión, la de su propia incapacidad para respetar sus límites contradictorios, podrá comenzar su acercamiento hacia ellas y entender una forma de vinculación que, tanto para todas las mujeres como para sí mismo, siempre pasa por la transgresión.

¿Por qué escribimos sobre mujeres?

Que se perciban las narrativas en las que las mujeres son protagonistas como algo fuera de lo común, como algo que destaca y que, de algún modo, molesta al ser recibido fuera de lo que se considera normal, debería darnos ya una pista de la razón de ser de las mismas y de por qué sigue siendo tan necesario representar a las mujeres en la literatura. Mientras las historias de mujeres sean percibidas desde la alteridad, desde algo que nos resulta distinto y extraño, seguirá siendo necesario darles visibilidad. Porque nadie dice: ya hay demasiados argumentos de detectives alcohólicos atormentados, o de superhéroes, o de comedias románticas americanas sobre un hombre blanco, rico y hetero, o de malotes que maltrataban a las mujeres, pero al final resultaba que tenían buen corazón. Nadie. Y nadie lo dice porque son relatos que integramos como lo normal. Por eso, todo aquello que diferenciamos como una narrativa distinta a la norma nos da la impresión de singularidad e incluso la falsa noción de abundancia. Nunca demos por conquistada la representación en el espacio público, porque miremos donde miremos, al final resulta que nunca nos sobran voces.

Seguiremos escribiendo sobre mujeres hasta que escribir sobre mujeres sea lo mismo que escribir. Seguiremos escribiendo sobre mujeres como respuesta a un sistema que parece haberlas borrado de la faz de la tierra. Seguiremos escribiendo para no ser costilla, ni musa, ni esa rubia de las películas que no tiene ni siquiera un nombre. Y lo seguiremos haciendo porque es un privilegio, y a la vez una responsabilidad, que nosotras tengamos voz cuando ha habido tantas que no la tuvieron. Porque el silencio es siempre sistemático y estructural, y en la gran Historia, ya empezamos a sospecharlo, no hay nada que haya quedado suelto al azar.

Como apuntaba al inicio, un mito es una explicación del mundo. Uno de los rasgos más llamativos de Egeria es que parecía querer ver con sus propios ojos aquello que predicaba su fe, como si quisiera comprobar las creencias que se daban por sentado, como cuando buscó la estatua de sal de Lot en Sodoma y Gomorra. Debiéramos hacer nosotros lo mismo, y esta obra es, ante todo, una invitación a que la curiosidad nos haga poner en tela de juicio nuestras creencias más antiguas y todos esos mitos que percibimos como neutrales. Cuando decimos que las cosas son como son, ¿a qué cosas son referimos? ¿Qué identidades nos chirrían porque tenemos sus opuestas integradas como normales? Si algo podemos aprender de Egeria es a atrevernos a ver el mundo desde nuestros propios ojos.

Y las mujeres a las que me gustaría de corazón dedicar esta obra son aquellas que ni siquiera tuvieron el derecho a una biografía propia: a las esclavas, a las analfabetas, a las que vivieron encerradas o a las que acusaron de locas, a las que expropiaban tierras al llamarlas brujas, a las que tenían miedo de hablar, miedo de ser juzgadas, a las que lloraron por pensar que estaban solas. A las violadas, las vejadas y a las que no fueron reinas. A las abuelas y madres despojadas de todo por tener que estar mientras tanto sosteniendo el mundo y a las que secretamente soñaron con que algún día llegaría el momento oportuno.

Por último, y en cuanto a por qué escribir desde otras perspectivas, considero importante el poder de amparo que tiene la literatura. Si los libros son una manera de saber que no estamos solos, todas las niñas del mundo deberían crecer sabiendo que tienen un lugar en él, tan bueno como cualquier otro. Como autora, tengo el miedo, lógico, de que el tiempo se lleve todo lo que no quede escrito. Así que aquí voy a intentar solo esto: que quien se sienta en la cara oculta del mundo, que quien se piense en los márgenes, sepa que no está solo. Que hay muchas voces que le daremos cobijo. A veces a lo que tenemos que aspirar con una obra es a eso. A dar abrigo.

Una hermenéutica histórica

En filosofía, se denomina hermenéutica a la interpretación de los textos. Con respecto al inicio de este artículo haría referencia entonces al trabajo arqueológico que he comentado antes de ir navegando a través de los vacíos que encontramos en la historia y aprendiendo a leer entre líneas, pero también a saber qué relatos se han interpretado desde qué miradas, y comprender que toda narración, como esta que procedo a relatar, es una historia viva. Ni siquiera el autor tiene el control de lo que escribe, ya que, por un lado, está influenciado por su realidad material y su contexto, y, por otro, nunca sabe a qué lectores va a encontrar más allá. La ficción va de esto. Quizá no todos hagáis la misma lectura de Egeria, incluso me atrevería a decir que no sería deseable que eso ocurriera. Por supuesto, la lectura ficticia que yo hago de este personaje histórico también atiende a una mirada concreta y a un punto de vista determinado que es el que considero necesario darle. Que cada uno asuma esta gran responsabilidad que es saber lo que quiere hacer con la palabra dada y tratar de construir y reconstruir a través de ella ese gran todo inabarcable de la historia. Aquí, la labor hermenéutica se convierte en el afán de justicia por esa parte no catalogada.

Todo esto remite a una verdad que no deberíamos olvidar nunca: que la historia es siempre solo un pedazo de la historia.

Junto a la no contada, siempre y con más motivo, la que nos queda por construir.

Allí nos encontraremos, amigas.

Feliz lectura.

Dramatis personae

EGERIA

SILVIA

HIPATIA

PETRUS

 3 1

Acto Primero
Escena primera

Cuarto de Egeria. *Nos encontramos en una estancia con luz tenue. En ella hay un escritorio, mapas y libros. En uno de los lados, vemos a una mujer anotar algo con cierto halo de misterio, escribe y consulta mapas apresuradamente, ajena a todo lo que sucede a su alrededor. Parece estar trazando una ruta...*

Texto proyectado: En el año 381 d.C., en algún lugar situado entre Galicia y el Bierzo, una mujer está a punto de convertirse en la primera escritora de viajes de la historia de Occidente.

(De repente, Silvia, *entra apresuradamente en escena. Busca con la mirada y nerviosismo a* Egeria.*)*

EGERIA   ¿Y bien? ¿Se sabe algo?

SILVIA   *(Con preocupación.)* Ha aceptado la dote. Y mi padre también ha dado su consentimiento.

EGERIA   ¿Y no te has opuesto?

SILVIA ¿Oponerme yo? ¿Qué es lo que quieres que haga? ¿Que desafíe a mi propio padre?

EGERIA Que no te cases con un hombre al que no amas.

SILVIA (*Abatida.*) Como si nosotras, cuando se trata de un casamiento, pudiéramos hablar de amor…

EGERIA Pues yo no pienso casarme.

SILVIA Lo harás si así te lo ordena tu padre.

EGERIA No lo verán tus ojos.

SILVIA ¿Sabes? A ojos de muchos pareces una insolente.

EGERIA (*La mira con intensidad.*) No son los ojos de los demás los que me importan. Te lo pido Silvia, no lo hagas.

SILVIA (*Con conformismo primero, desesperación más tarde «in crescendo».*) ¿Qué otra cosa puedo hacer?

EGERIA Tiene por lo menos el doble de edad que tú.

SILVIA Es un comerciante adinerado. Tiene una flota de cincuenta barcos y los trae cargados de telas de la Galia. Al menos viviremos en una buena casa y no me faltará de nada.

EGERIA   Una buena casa solo será una cárcel algo más lujosa que las demás.

SILVIA   (*Indignada.*) ¡Egeria! ¿Se puede saber qué es lo que pretendes reprocharme? Sabes tan bien como yo que no tengo elección.

EGERIA   Sí que la tienes. Has dicho que tiene una flota entera de barcos. Para marcharnos de aquí solo necesitamos uno.

SILVIA   (*Escandalizada.*) ¡Cuando te pones así de insolente no puedo soportarte! Para ti es muy sencillo, Egeria, tu familia tiene tanto dinero que podrías cogerlo todo y poner rumbo a donde quisieras, pero algunas de nosotras no lo tenemos tan fácil. Mi padre necesita el apoyo de este hombre en su carrera política y yo no puedo defraudarlo.

EGERIA   Tu padre necesita lo que todo padre debería necesitar; que su hija no tenga una vida miserable. ¿A quién le pertenece tu vida, a ti o a él? ¡Si busca influencias que se busque un marido él mismo!

SILVIA   ¡Egeria! Tengo que hacerlo, por él.

EGERIA   ¿Y él? ¿Cuándo ha hecho él algo por ti? Los hombres así viven primero del cuidado de sus madres, luego de sus esposas, y más tarde de sus hijas. ¡Ética de los cuidados lo llaman! ¡Qué rentable es para el *pater familias* lucrarse a costa del trabajo, siempre invisibilizado, de las mujeres!

(Después de esto SILVIA *se rompe y* EGERIA *cambia y se sienta a su lado con ternura y trata de calmarla. Hay proximidad entre ambas, una complicidad silenciosa.)*

SILVIA   *(Rompr el silencio.)* Me repugna mi prometido. No quiero ser su mujer.

EGERIA   ¿Cuándo será la ceremonia?

SILVIA   Dentro de dos semanas.

EGERIA   Entonces, aún tenemos tiempo.

SILVIA   ¿Tiempo para qué?

EGERIA   *(Se pone en pie, con decisión, fuerza, energía.)* Pues para prepararlo todo, para qué va a ser. Para preparar nuestro viaje.

SILVIA   ¿A dónde?

EGERIA   A los confines del mundo.

SILVIA   ¿De qué estás hablando, Egeria?

EGERIA   Una peregrinación a Tierra Santa. Las damas de otros lugares también lo hacen, ¿por qué no nosotras?

SILVIA   Qué disparate. Mi padre nunca me lo permitiría.

EGERIA   Hablaré con él. Me tiene en alta estima. Intentaré interceder por ti, tal vez acceda a posponer tu matrimonio hasta que regresemos.

SILVIA   ¿De qué me sirve a mí posponer mi desdicha?

EGERIA   Porque no volveremos nunca si es necesario. Escucha, Silvia, tienes que escucharme. Mira esto.

(EGERIA *muestra un pergamino a* SILVIA.)

SILVIA   ¿Qué es eso?

EGERIA   Un mapa.

SILVIA   ¿Se puede saber de dónde has sacado eso?

EGERIA   Lo he robado.

SILVIA   ¡Egeria!

EGERIA   ¡Qué! ¡En la iglesia los diáconos no pisan la biblioteca! ¡Allí los pergaminos no hacen más que coger polvo… Los libros siempre necesitan de alguien que los lea!

SILVIA   (*Escandalizada.*) ¿Es que no te da vergüenza hablar así?

EGERIA   Silvia, escúchame. Hace algunos días vino a
              verme un hombre. Es un diácono anciano que
              ha pasado gran parte de su vida recorriendo
              los lugares de las Sagradas Escrituras. Él me
              habló de este pergamino. (*Con ímpetu, emo-*
              cionada.) Esta es nuestra escapatoria: son to-
              das las *viae publicum*, de aquí a Constantino-
              pla. ¿Te imaginas lo que eso significa?

SILVIA   ¿Hablas en serio, Egeria? ¿Serías capaz de no
              volver a Gallaecia? Yo no quiero ni pensar-
              lo. No sé si puedo marcharme y vivir siem-
              pre en tierras extrañas, como una fugitiva.
              No sé si soportaría dejar atrás mi tierra y su
              verde azulado.

EGERIA   (*La coge de las manos con cariño.*) Te prometo
              que habrá otros paisajes y otras tierras de mil
              colores.

SILVIA   ¿Cuál es tu plan, Egeria? ¿Vamos a escaparnos
              a caballo como hacías tú de niña cuando nos
              enseñaban a bordar? ¿En qué habitación re-
              cóndita nos esconderemos a leer en secreto
              esta vez?

EGERIA   En la mismísima Biblioteca de Alejandría.
              Cuentan que allí aún están los restos de todo
              el saber humano. Y que después de que se in-
              cendiara, Marco Antonio le regaló a Cleopatra
              doscientos mil libros que hizo traer desde la
              Biblioteca de Pérgamo. ¿Puedes imaginarlo?

Todo el conocimiento humano reunido en un mismo lugar, más libros de los que puedan leerse en una vida, todos ellos habiendo sobrevivido a incendios, saqueos... ¡Doscientos mil libros! No sé tú, pero yo no me casaría por menos.

(*Las dos ríen.*)

SILVIA   ¿Tu peregrinación religiosa es para ir a la cuna de los libros paganos?

EGERIA   ¿Tú robarías doscientos mil libros por mí?

SILVIA   Por ti, más de los que puedan contarse.

EGERIA   Entonces no hay más que hablar. Vámonos.

SILVIA   No sé si tendré el valor.

EGERIA   ¿No sería bonito? Ver las maravillas de Constantinopla y los ritos litúrgicos en Jerusalén. Podríamos ir a donde quisiéramos y nadie podría impedírnoslo.

SILVIA   Será peligroso.

EGERIA   Llevaremos un séquito con nosotras.

SILVIA   Será un viaje incómodo.

EGERIA   Es lo más seguro. Pero Silvia, ¿no te cansas de buscar siempre la comodidad? En casa de tu prometido no te faltarán los manjares, el buen vino y aceite, las finas telas y las especias más exquisitas; tendrás lindos vestidos y todas las criadas que desees. Pero ¿te harán feliz los ropajes y los ungüentos cuando tengas que dormir noche tras noche al lado de un hombre al que desprecias? ¿No te das cuenta? Para él solo serás una propiedad más. Al igual que acumula sus barcos y sus bienes, tú serás para él un objeto, un bien más. Conmigo serías Silvia, una mujer libre y viajera.

SILVIA   A veces creo que con eso no basta.

EGERIA   Escúchame, Silvia, convenceré a tu padre: accederá.

SILVIA   No lo hará.

EGERIA   Lo hará porque yo se lo pido. Tu prometido tendrá que esperar. Reuniré un séquito y emprenderemos el viaje al alba, justo dentro de dos semanas.

SILVIA   Esta vez no habrá peros que valgan.

EGERIA   (*Entusiasta.*) Entonces, no se hable más. No te preocupes por nada, yo pondré todo el dinero, aunque tenga que gastar hasta la última moneda de plata de mi familia. Lo prepararé todo. Te esperaré al alba en la ergástula de Asturica. Juntas no hay hombres que puedan detenernos.

(EGERIA *se aproxima a* SILVIA *y ambas se abra-*
zan. Hay algo en el ambiente que hace que la se-
paración sea difícil. Algo confuso. Por un lado, el
dolor de lo que seguramente sea una despedida.
Por el otro, la atracción de sus miradas, un deseo
sensual. Sus bocas se han acercado hasta casi ro-
zarse, pero entonces SILVIA *se aparta, pudorosa,*
avergonzada. Se dispone a marcharse, pero en el
último momento se detiene y se gira.)

SILVIA   Egeria, te he traído un regalo.

(SILVIA *le entrega un velo.*)

EGERIA   Es el primer velo que me mandaron bordar,
lo dejé a medias. ¡Pero Silvia! Ya no se parece en nada a ese, ¡está precioso!

SILVIA   Lo encontré hace unos meses y quise termi-
narlo.

EGERIA   Gracias. (*Ambas se miran a los ojos, muy emo-*
cionadas.) ¡Adiós, Silvia!

SILVIA   ¡Adiós, Egeria!

(*Sale* SILVIA, *se queda la luz en* EGERIA. *Después,*
todo se va a oscuro.)

Escena segunda

Silvia está tirada en el suelo, abatida. Busca consuelo en la mirada de un público al que no puede ver, y aunque se dirige a ellos, es como si estuviese hablando para sí.

Silvia   ¿Cómo no voy a sentirme desdichada? Elija lo que elija, saldré perdiendo. Esa es la trampa imposible que tenemos las mujeres. Tenemos que serlo todo: *(En retahíla.)* Silvia, la buena madre, Silvia, la buena esposa, Silvia, la buena hija, la buena amiga… Buena, buena, buena… *(Con rabia.)* Y yo estoy tan cansada… Porque haga lo que haga, defraudaré a alguien a quien quiero. Es una trampa, claro que lo es, porque no podemos conseguirlo. Ser fieles a todas las obligaciones que se nos imponen y aquellas que nos imponemos nosotras mismas. Si hago caso a mi corazón, no seré buena hija… Si cumplo con mi deber y honro a mi padre, ¿qué clase de amiga soy? ¿Soy acaso buena conmigo misma? Desde que nací me han enseñado tanto a agradar a los demás que ya no sé complacerme. Y me han puesto tantas etiquetas que yo me pregunto, ¿quién es Silvia?, ¿la que no es ni amiga, ni amante, ni esposa, ni madre, ni hija?, ¿quién es Silvia?, ¿qué es lo que busca?, ¿qué es lo que quiere? Estoy cansada de ser solo un personaje... (SILVIA *se dirige ya directamente al público, con carácter.*) Sí, sí, a vosotros os digo. A vosotros que me miráis y esperáis que sea alguien en esta historia. A vosotros, que desde que he llegado no habéis querido más que verme comportar como es debido, que cumpla mi papel, ese que alguien a quien no conozco ha escrito para mí... ¿Pero sabéis una cosa? Que ya estoy harta, harta de recitar las líneas de este guion absurdo, de este falso teatro... (*Con fuerza, rabia y frustración.*) Ser mujer es imposible, vivimos siempre interpretando... (*Pausa.*) Yo quisiera irme con Egeria y viajar lejos, ver mundo, ya sabéis, como hacen los hombres. Pero también quisiera tener una casa a la que llamar hogar y ser la madre de un niño rollizo al que llevar de la mano y enseñar a caminar. ¿Por qué han de ser mis dos sueños tan incompatibles? Sí, sí, ya sé lo que me vais a decir, que una tiene que hacerle caso al corazón, pero... ¿quién fue el que asumió que el corazón camina solo en una dirección? (*Alza la voz.*) ¿Sabéis qué? Estoy tan cansada. Mujeres nacidas para complacer... ¡Un dolor tan compartido y a la vez tan acallado! Me pregunto si mi madre y mi abuela se sentían también así de incomprendidas. ¡He ahí la trampa! ¡Cada mujer, sola en su casa, pensando que se trata de un caso aislado, de una nimiedad sin importancia, de su historia particular! Miles y miles de mujeres en todas partes sintiendo esa misma impotencia, esa misma soledad. (*La rabia que siente* SILVIA *va* «*in crescendo*». *Ella no es valiente y sin pelos en la lengua como* EGERIA. *Para ella, pronunciar estas palabras, hacer aflorar este pequeño atisbo de rebeldía, es un acto lleno de conflicto.*) Así que, ¿quién es Silvia cuando no es hija, esposa, madre, amiga? ¿Quién es Silvia? Silvia, la mujer que amaba mucho; Silvia, la de las contradicciones; Silvia, la que pecaba, porque su pecado era precisamente ser igual que todo el mundo. Debería ir ahí, a sentarme con vosotros y esperar. Esperar a encontrar el valor de escribir yo misma mi propia historia de una puta vez.

(SILVIA *sale e incluso se sienta entre el público.*)

Escena tercera

Encontramos a una Egeria *frenética que traza su ruta. Sobre el fondo se proyecta el recorrido que ha de emprender, mientras ella, tirada entre pergaminos y mapas, se muestra eufórica. Sabe que es el inicio de una nueva vida.*

Texto proyectado: Entre los años 381 y 384 d.C., Egeria atravesó tres continentes y recorrió más de cinco mil kilómetros desde Gallaecia hasta Egipto. Esto era posible gracias a la gran red de caminos, las *viae publicae*, que atravesaban todo el Imperio Romano.

EGERIA ¡Ya no soporto estar aquí encerrada entre cuatro paredes! Y eso que leer ha sido para mí siempre mi refugio. Pero quiero verlo con mis propios ojos, todo eso que cuentan los libros. Quiero saber: saber dónde se encuentran los lugares en los que reinaron los reyes de antaño, saber si eso que cuentan las Sagradas Escrituras es verdad. Recorrer el mundo y descubrirlo, comprobarlo todo. Sé que estoy a punto de iniciar un camino largo y no sé a dónde va a llevarme, solo sé que si me quedo me arrepentiré toda la vida. (EGERIA *comienza a sacar ropa y objetos que va colocando junto a un macuto.*) Se hace tarde. Tengo que marcharme ya. Llegó el momento de partir de esta Gallaecia mía querida. Tengo que ver, ver, ver. (*Pensativa.*) ¿Cómo se llamaba aquel hombre griego, el que por más que añoraba regresar a Ítaca, siempre encontraba en el camino una nueva aventura? Ah, sí, ya me acuerdo, Ulises. Ahora te entiendo, amigo, te entiendo mejor que nunca. Si pudiera quedarme... Realmente lo haría. Siempre deseamos que los caminos tengan una ruta de vuelta, ¿no? Yo lo deseo. Pero ahora, llegó el momento de partir. (*Entusiasmada.*) Esta maldita curiosidad mía, ¿dónde va a llevarme?

Escena cuarta

SILVIA *está tumbada. Amanece con las primeras luces del alba. Hay una iluminación tenue. Se levanta y se muestra de espaldas, mirando por una ventana. Se queda largo rato contemplándola. Poco a poco comienza a quitarse la ropa con la que dormía y a vestirse. Se pone sobre los hombros una capa y, al hacerlo, casi parece que sonríe. Después, camina hasta la puerta de su cuarto hasta detenerse. Hay algo que le impide cruzarla, le impide seguir caminando y la ha dejado congelada. Pasa un angustioso rato sin moverse, con la mirada fija en quien la espera abajo. Finalmente, cabizbaja, se desviste y se tumba de nuevo, haciéndose pequeña, lo más pequeña posible, como una niña con miedo. Las luces se apagan y todo queda a oscuras.*

Fin del Primer Acto.

Segundo Acto
Escena primera

Texto proyectado: En su libro de viajes o *Itine-rarium*, Egeria escribió sus vivencias en forma de cartas. Estas iban encabezadas por *dominae sorores*, fórmula común que usó para referirse a las amigas y compañeras de su tierra natal.

Sonido de mar. EGERIA *se tambalea, pues se tra-ta del camarote de un barco. Llega hasta el es-critorio y escribe en uno de sus cuadernos. En una mano tiene un cálamo que va mojando en el tintero. El velo que* SILVIA *le regaló antes de mar-charse está cerca. En un momento dado, lo toca con nostalgia.*

EGERIA   (*En voz alta.*) Queridas amigas: si supierais lo lejos que me encuentro de casa... De Asturi-ca a Calagurris viajé a lomos de una burra casi sin descanso. ¡Tenía tantas ganas de empren-der el viaje que apenas podía dormir! De Cae-saraugusta hasta Tarraco conseguimos un ca-rro. Un hombre de los caminos me habló del mar, pero sus palabras no le hacen justicia. ¡Es como navegar en un cielo nocturno lleno de estrellas! ¡Parece infinito! ¡Pero no está exento de monstruos! Los marineros son hombres toscos. Al llegar aquí, el capitán del barco insistió en que no llevaría a una mujer a bordo. La tripulación pretendía hacerme dormir junto a los perros. ¡Solo les disuadió una gran suma de dinero! Una noche, cuando me encontraba rezando sola, dos marineros trataron de forcejear conmigo. Esa noche aprendí dos cosas: a dormir siempre con un cuchillo escondido bajo las manos y a no mostrarles miedo. Solo cuando amenacé con lanzarlos por la borda y desperté a todo el barco, se alejaron. Dijeron de mí que estaba loca o poseída y me dejaron en paz. Aunque, por si acaso, decidí no volver a quedarme sola, ni siquiera para rezar. (*Pausa.*) Casi todas las noches, cuando cierro los ojos, vienen a mí las imágenes de los paisajes más bellos de Gallaecia. ¿Cómo podría una dejar atrás el olor de la que un día fue su casa? ¿Cómo puede una escapar de Ítaca sin llevar a Ítaca consigo? Nadie nos advirtió nunca de qué hacer con este desabrigo. Os echo tanto de menos. (*Para protegerse de la sensación de frío, se echa el velo por encima, sin dejar de mirar y acariciar sus bordados.*) Hace días que ante mí no veo nada más que el azul del mar. ¡Me da un miedo terrible esa inmensidad y me he pasado días vomitando! Pero merece la pena. Cuando el sol se esconde por el horizonte me pregunto hacia dónde va. Quisiera llegar hasta allí. Hasta lo que se esconde detrás. (*Se escucha un ruido y voces.)* Bueno, queridas amigas, debo dejaros ya. (*Escudriña el horizonte con la mano sobre los ojos.*) Allá a lo lejos veo una luz enorme. Eso que se ve es el faro. No cabe duda: hemos llegado a Alejandría.

(*La estancia se queda a oscuras.*)

Escena segunda

Texto proyectado: En el siglo IV, Alejandría, al igual que el resto del Imperio, se encontraba dividida entre la colisión de dos mundos: el clásico y el cristiano.

A pesar de ello, su famosa biblioteca seguía siendo uno de los símbolos más importantes de la cultura grecorromana. En ella daba clases una mujer insólita para su tiempo: Hipatia, famosa matemática, astrónoma y filósofa.

Una mujer se pasea de un lado a otro, con los brazos a la espalda, murmurando en voz baja. Nos damos cuenta de que está practicando para una de sus lecciones. Se trata de HIPATIA. *En el suelo encontramos arena extendida. De repente,* HIPATIA *tiene una idea y se acerca hasta el otro extremo del escenario, donde coge un gran palo. Sobre la arena, comienza a trazar un gran círculo. (El universo, tal y como se concebía entonces.) Una vez terminado, se coloca en el centro, mirando hacia los lados. Frunce el ceño, como si hubiese algo que se le estuviera escapando. Entra* EGERIA, *pero* HIPATIA *parece tan ensimismada en sus pensamientos que ni siquiera se percata de la mujer que la observa con curiosidad.*

HIPATIA   (*Murmurando para sí.*) Si el mundo mantiene su armonía es a través de la forma perfecta del círculo. Los planetas y el Sol tienen un movimiento circular uniforme alrededor de la Tierra, tal y como postula Aristóteles. Pero, sin embargo, esto no explica su retrogradación. (*Camina hasta el trazado del círculo y dibuja ahora círculos más pequeños que rodean al círculo grande.*) Además, no olvidemos que el brillo de los astros varía. ¿Cómo puede ser esto posible, si siempre se mantienen a la misma distancia de la Tierra? Para tratar de resolver este problema, de apariencia tan irresoluble, Ptolomeo traslada la posición de la Tierra, apartándola del centro. (HIPATIA, *ahora dentro del círculo, traza uno más pequeño en línea recta con el qué había dibujado en el medio.*) Pero yo me pregunto, si la Tierra no es el centro del universo, ¿cuál es su centro? ¿Acaso no hay nada? No puedo soportar la idea de un mundo que no sea armónico, que no sea perfecto. (*Como derrotada, se pone de rodillas sobre la arena y se cubre el rostro con las manos. De repente patalea con rabia, esparciendo algo de arena y borrando parte del esquema.*) ¿Qué es lo que estamos pasando por alto? Siempre hemos creído que las leyes de nuestro mundo eran las mismas que las leyes del cosmos, ¿pero y si el cosmos fuera mucho mayor de lo que imaginamos, y nosotros, los humanos, solo algo infinitamente pequeño dentro de él? (*Repara en la presencia de* EGERIA *y trata de recomponerse. Se pone en pie, sacudiéndose los restos de arena del vestido.*) ¿Qué opinas tú?

EGERIA   (*Sorprendida.*) ¿Yo?

HIPATIA   Sí, tú. No es muy usual ver a una mujer en una de mis clases.

EGERIA   No es muy usual ver a una mujer impartirlas.

HIPATIA   Eso es cierto.

EGERIA   (Se *disculpa.*) Yo… Lamento haberte interrumpido. Vi la puerta abierta y no pude resistirme.

HIPATIA   La curiosidad….

EGERIA   Mi mayor defecto.

HIPATIA   ¿Defecto? Yo diría que es una virtud. Sin curiosidad, ¿cómo seríamos capaces de hacer filosofía? ¿Cómo cambiaría nuestra forma de ver el mundo?

EGERIA   De todos modos, no pretendía molestarte.

HIPATIA   No molestas.

EGERIA   Mi nombre es Egeria.

HIPATIA	Yo soy Hipatia. Dime, Egeria, ¿piensas que lograremos alguna vez romper con la uniformidad del círculo? ¿Sería acaso deseable? A veces pienso que mis reflexiones son iguales que mi vida: constantemente trato de cambiar las cosas y, sin embargo, vuelvo a caer en el punto de partida. ¿Cómo podemos ser libres si siempre hacemos lo mismo, si seguimos la trayectoria del círculo? Aaah… pero cómo escapar de él y de sus encantos. El círculo es la forma geométrica más perfecta, ¿no la anhelamos todos? ¿No volvemos todos, una y otra vez, siempre al mismo punto de partida? ¿Y si allí, en el firmamento, en otros mundos, reinase otro tipo de movimiento? ¿Conseguiríamos la libertad que se nos escapa en este?
EGERIA	Dicen que en el firmamento reinan los designios de Dios.
HIPATIA	Esta ciudad cada día está más dividida entre los que veneramos a los dioses antiguos y los que aclaman al nuevo. ¿Eres cristiana?
EGERIA	Viajo para ver si lo que está escrito en la Biblia es cierto. Quiero ver los lugares sagrados con mis propios ojos. Tal vez así logre comprender.
HIPATIA	Tal vez entonces, tú y yo no somos tan distintas.
EGERIA	¿A qué te refieres?

HIPATIA   Yo construyo objetos que me permiten descifrar lo que para mis ojos es un misterio. Que puedan medir lo que yo no alcanzo ver a simple vista. Tú viajas a lugares que te ayuden a entender... ¿No va de eso la filosofía? ¿La religión? ¿La ciencia? De explicar lo inexplicable. De descifrar el orden que se oculta tras el caos.

EGERIA   ¿No temes a veces que no haya ninguno?

HIPATIA   (*La coge de la mano.*) Ven. ¿Acaso no has mirado nunca a las estrellas? Parecen tan ínfimamente pequeñas, pero tienen un tamaño superior al de la Tierra. Es todo una cuestión de perspectiva. Cuando miro a las estrellas, me invade la sensación de que el mundo es mucho más grande que yo. Y eso me alivia profundamente.

EGERIA   ¿Qué quieres decir?

HIPATIA   Que este mundo estaba aquí antes de que nosotros llegáramos y estará mucho después de que nos hayamos ido... ¿Cómo hemos podido ser tan ingenuos de colocarnos en su centro?

EGERIA   Pero no lo entiendo, ¿de dónde salen las estrellas? ¿Quién las ha puesto ahí?

HIPATIA   Algunos dicen que un Demiurgo, otros hablan de una suerte de orden cósmico, el logos, que gobierna todo el universo, otros dicen que es el Uno, o que es Dios... El nombre no importa demasiado. Yo creo que existe un orden, lo que pasa es que tal vez aún no hayamos descubierto cuál.

EGERIA   Me han dicho tantas veces que una mujer no debería pensar en estos asuntos. De donde yo vengo, la ciencia es cosa de hombres.

HIPATIA   Al igual que la filosofía, y, sin embargo, aquí estamos. ¿Acaso conoces a muchas mujeres filósofas? Siempre tiene que haber una primera.

EGERIA   Temo equivocarme.

HIPATIA   Defiende tu derecho a pensar, Egeria. Incluso pensar de manera errónea es mejor que no pensar.

EGERIA   ¿Sabes? Me gustaría asistir alguna vez a una de tus clases.

HIPATIA   Deberías hacerlo... Sin embargo, mucho me temo que esta biblioteca ya no es lo que era. Miles y miles de siglos de historia quemados o destruidos cada vez que muere un emperador o que alguien cambia de credo. Es importante conservar los libros, es importante dejar constancia de nuestra historia, aunque siempre habrá quien trate de eliminarla.

EGERIA   Yo quiero dejar constancia de la mía, de los caminos que recorro y los lugares por donde piso. Aunque a veces me pregunto si este viaje es una huida hacia delante…

(De repente se interrumpe. Fuera se escuchan ruidos y sonidos violentos.)

HIPATIA   *(Resolutiva.)* Ven, corre, no te asomes a la calle.

EGERIA   *(Asustada.)* ¿Qué sucede?

HIPATIA   Nuevas hordas de paganos y cristianos matándose entre ellos.

(Continúan los ruidos y la violencia.)

VOZ MASCULINA   *(En off.)* Buscamos a Hipatia, hija de Teón.

EGERIA   ¿Qué hacen?

HIPATIA   Tiran estiércol.

VOZ MASC.   *(En off.)* La mujer que promulga sus ideas en esta escuela es una bruja, además de una pagana, y debe ser castigada ante Dios y ante los hombres.

HIPATIA   *(A* EGERIA, *irónica.)* Siempre se olvidan de castigarme ante las mujeres.

EGERIA   ¿No tienes miedo?

HIPATIA   No te preocupes. Vienen todos los días tratando de que llegue el momento en el que me canse y cierre la escuela. Lo que no entienden es que yo comparto mi conocimiento con paganos y cristianos y no hago distinciones…

EGERIA   (*Preocupada.*) Deberías buscar protección.

HIPATIA   Yo no debo buscar nada. Son ellos los que deberían dejar de comportarse como unos animales. Y, sin embargo, se me insta a mí a que deje de actuar como lo hago y mi comportamiento es tildado de temerario. ¿Sabes qué, Egeria? Que hagan lo que quieran. Nosotras no nos vamos a ninguna parte. Yo seguiré impartiendo mis clases y compartiendo mi conocimiento mientras haya un solo alumno que quiera escucharme. Y si vienen a por mí, y si tratan de matarme… Fracasarán, porque viviré en cada descubrimiento e invención que realice, porque viviré en todos aquellos que se consideran mis discípulos…

EGERIA   No comprendo lo que sucede en esta ciudad… Las escrituras hablan del perdón, y quienes pecan al ir en tu contra y difamarte son ellos, que se hacen llamar mis hermanos. (*Triste.*) Yo no creo que esto sea la fe de Dios. Al menos no del Dios al que yo me he encomendado.

HIPATIA   (*Escucha atentamente.*) Parece que ya se han ido. Siento que hayamos tenido que conocernos en estas circunstancias, Egeria.

EGERIA   Yo me alegro de que nos hayamos conocido, aunque sea en estas circunstancias, Hipatia. Ten cuidado.

HIPATIA   Adiós. Que el conocimiento te haga libre.

EGERIA   (*Se despide.*) Que el Señor esté contigo (*Se gira para marcharse, pero repentinamente cambia de opinión.*) Hipatia.

HIPATIA   ¿Sí, estimada Egeria?

EGERIA   Espero que lo encuentres. El orden que todos parecemos haber perdido.

HIPATIA   Gracias, amiga.

(EGERIA *se marcha.* HIPATIA *se queda sola en el escenario, la luz se atenúa. Ella reordena pergaminos. Escribe los resultados de los instrumentos. En el exterior, como un murmullo, resuena primero como algo leve, el sonido de fondo de la violencia, de gritos y de espadas que entrechocan. Pero esto no impide que* HIPATIA *continúe realizando sus tareas, recogiendo pergaminos y leyéndolos. La voz masculina que hemos escuchado antes vuelve a sonar.*)

VOZ MASC. (*En off.*) La mujer que promulga sus ideas en esta escuela es una bruja, además de una pagana y debe ser castigada ante Dios y ante los hombres. (*La voz se repite varias veces, cada vez a un volumen más elevado, el suficiente como*

para incomodar al espectador y para que HI-
PATIA *ya no pueda continuar realizando sus tareas.*) La mujer que promulga sus ideas en
esta escuela es una bruja, además de una pagana y debe ser castigada ante Dios y ante los
hombres.

*(La frase se va repitiendo cada vez a más velo-
cidad y volumen. Concluye con un sonido his-
triónico e* HIPATIA *se tapa los oídos. Todo va a
oscuro por un segundo. Después, vuelve el foco
e* HIPATIA *coge el micro.)*

HIPATIA   *(Con micro y foco.)* La voz es imperecedera;
llega siempre más allá de la boca que la emi-
te. La voz, cuando nos atrevemos a alzarla, es
compartida, y resuena a través de la Historia
en miles de ecos que la hacen eterna. Que la-
piden mi cuerpo si así lo desean esos necios
que no comprenden nada de su propia religión. Pueden acabar con un cuerpo, pero no
pueden matar una idea. Y eso es precisamente lo que los enfurece.

*(Hay música y coreografía. Se trata de un baile
violento, semblanza de muerte, de profanación
del cuerpo, de desgarro. La música finaliza con
la muerte de* HIPATIA, *tendida en el suelo.)*

Texto proyectado: En el 415 d.C., el cuerpo
de Hipatia fue arrastrado a la fuerza hasta una
iglesia, donde una turba enfurecida de cristianos la desnudó y la desolló viva. Hipatia fue

acusada de influenciar con sus ideas paganas a políticos de la época, como a su amigo Orestes. Una ironía trágica, ya que la escuela filosófica de Hipatia, el neoplatonismo, resultó esencial para el surgimiento de la doctrina cristiana, sin la cual probablemente nunca hubiera existido. Con la muerte de Hipatia morían también los últimos resquicios del mundo antiguo.

Fin del Segundo Acto.

Tercer Acto
Escena primera

Vemos a EGERIA *escribiendo en uno de sus cuadernos. Tiene un aire de tristeza.*

Texto proyectado: En sus textos, Egeria no escribía empleando el latín culto de las élites, sino haciendo uso del latín vulgar de las provincias, sembrando el germen de lo que más tarde serían las lenguas románicas. Además de emplear esta lengua popular, el *sermo cotidianus*, su estilo era coloquial y directo. Las pretensiones de Egeria son, en todo caso, más comunicativas y documentales que literarias.

EGERIA   *(En voz alta.)* Queridas amigas… ¿Qué estaréis haciendo todas ahora? Querida Silvia… Me gustaría hablaros de tantas cosas… He conocido a una filósofa, una mujer verdaderamente impresionante; su entereza me recuerda un poco a la mía. No cree en nuestro Dios y no para de preguntarse acerca de todo cuanto hay en el universo. La conocí y proseguí mi viaje. ¿Cuánto tiempo llevamos sin vernos? Hace ya más de tres años que dejé Gallaecia y me parece que fue ayer. Me queda el amor al viaje, o como diría Hipatia, quizá solo al conocimiento. (*Entusiasmada.*) Ah, pero he conocido mucho. (EGERIA *se pone en pie y comienza a caminar por el escenario. Si fuera posible y un mapa estuviera proyectado podría ir dando pasos al tiempo que habla, como si caminase por él, para ver parte del recorrido que hizo durante aquellos años. A pesar de eso, ella habla en voz alta como si se estuviera dirigiendo a sus amigas y a* SILVIA.) En Tarraco pude ver el circo romano, donde los gladiadores libres ahora se venden como esclavos porque ya no hay quien vaya a ver sus sanguinarios espectáculos... (*Camina unos pasos.*) En la Galia llegué a ver el gran puerto de la ciudad de Marsella y me subí a alguno de sus barcos. (*Continúa caminando.*) En Roma los caminos son peligrosos y grupos de godos saquean las ciudades, sin que el emperador pueda hacer nada por contenerlos. (*Más allá.*) En Sodoma, el sacerdote de Segor afirmó que encontraría la estatua de la mujer de Lot, que se convirtió en sal por mirar siempre hacia atrás, o eso dicen las sagradas escrituras. Pero cuando llegué allí para corroborar aquello que decía la Biblia, no pude ver estatua alguna, lo que me lleva a pensar que en estos parajes la verdad se mezcla con la leyenda. (*Continúa.*) En Constantinopla estuve en la corte de la emperatriz Aelia, pariente mía, quien me habló de otra gran mujer viajera: Santa Helena. Y es que ha habido otras: Melania la Mayor, Paula de Roma, Silvia de Aquitania... He oído hablar de tantas mujeres curiosas viajeras… Qué poco se ha escrito sobre ellas. (*Se detiene.*) Tengo la sensación de que las mujeres, si no escribimos, pasamos al olvido. Y a lo mejor por eso es por lo que yo escribo; porque yo no quiero que me olviden. Yo quiero que nuestras palabras, lo que vivimos, sobreviva mucho tiempo después de que nosotras hayamos abandonado estos caminos. ¿Habrá alguien que quiera escucharlas? Me gustaría pensar que sí. (Egeria *sonríe.*) Ya, si ya lo sé, amigas, ya sé lo que os estaréis preguntando si acaso no me he cansado ya de tanto viaje. Pero aún me queda mucho, muchísimo mundo por ver… Mañana realizaré un ascenso al monte Sinaí y espero poder contaros todo lo que allí viva. Pero ahora he de dejaros. Ojalá que estas palabras os lleguen. Ojalá que todo el amor que os dejo aquí se quede, aunque sea, en forma de tinta.

(*Se apaga una luz.*)

Escena segunda

Texto proyectado: Un año antes de que Egeria comenzara su viaje, en 380 d.C., por decreto del emperador Teodosio, la religión cristiana se convertía en la única oficial de todo el Imperio. Los caminos romanos se llenaron de hombres y mujeres que querían visitar los lugares sagrados que aparecían en los textos bíblicos, los primeros peregrinos. Egeria fue una de ellas y documentó todo ello por escrito, creando, sin saberlo, el primer libro-guía de viajes.

Mientras leemos el texto, EGERIA *aparece caminando con dificultad, como si llevase al viento en su contra, y resoplando, haciendo grandes esfuerzos. Las luces o las imágenes proyectadas pueden evocar un desierto y recuperamos la arena como elemento. Al fin, llega agotada a un lado del escenario, donde se deja caer. Entra* PETRUS. *Se trata de un monje de mediana edad.*

PETRUS   ¿Necesitáis ayuda, venerable señora? Parecéis agotada.

(PETRUS *le tiende la mano.*)

EGERIA   (*Se recompone y se pone de pie.*) Es solo este desierto. Si alguien me hubiera dicho, hace muchos años, que cruzaría el desierto subida a lomos de uno de esos animales tan altos, no lo hubiera creído. Hay tantas cosas de este viaje que jamás hubiera creído si me las hubieran contado... Vivir para creer.

(PETRUS *la mira con interés.*)

PETRUS   ¿Es que acaso es necesario ver algo para creer en ello?

EGERIA   A veces sí.

PETRUS   ¿Y qué hay de la fe en Dios? ¿También necesitaríais verla para creer en ella?

(EGERIA *lo mira.*)

EGERIA   ¿Quién eres?

PETRUS   Me llamo Petrus.

EGERIA   (*Le tiende la mano.*) Trátame de tú, Petrus.

PETRUS   (*Estrecha su mano.*) Y tú eres Egeria, ¿no es así? (EGERIA *asiente con una inclinación de cabeza.*) Yo seré quien te acompañe en la subida al monte Sinaí. Los caminos son peligrosos y podrías necesitar protección.

EGERIA   ¿Por qué los hombres siempre asumen que tienen que protegernos ante otros hombres? (*Gesticula.*) Dos categorías de hombres: los buenos y los malvados. Y tú, imagino, eres uno de los buenos.

PETRUS   Eso no seré yo quien lo juzgue.

EGERIA   Está bien, Petrus. Agradeceré tu compañía. Me preguntas si necesito ver las cosas para creer en ellas. La verdad es que ya no lo sé.

PETRUS   ¿Cómo que no sabes?

EGERIA   (*Niega con la cabeza.*) Hace tres años, antes de comenzar mi viaje, tenía las ideas mucho más claras que ahora. Pero en este tiempo he conocido a gente de todas partes y de creencias distintas… Y todos piensan y luchan con mente testaruda defendiendo que su creencia es la buena. Y yo ahora ya me pregunto si acaso no será todo lo mismo con distinto nombre. Sí, una amiga me lo dijo: algo tan simple como descifrar un orden en mitad del caos.

PETRUS   Hablas de manera inusual para una mujer.

EGERIA   (*Escéptica.*) ¿Dices eso de todas las mujeres que hablan?

PETRUS   No he conocido a ninguna mujer que hablase como tú.

EGERIA   Tal vez no las has escuchado como correspondía.

(*Se percibe entre ellos un choque, una cierta tensión.*)

PETRUS   Dime, Egeria, si no es solo la fe, ¿qué es lo que buscas en tu viaje?

EGERIA   Conocimiento. Tú transcribes libros, creo que podrás comprenderme fácilmente. No sé explicártelo, pero a veces un libro me reconforta más que una persona.

PETRUS   Te entiendo. ¿Sabes? Yo me retiré a la vida asceta por eso. Creo que es irónico. A veces, para comprender el mundo, uno tiene que vivir apartado de él. Y este lugar tiraba de mí, como por deseo de una fuerza mayor de la que no lograba apartarme... El desierto tiene algo escondido. Por eso en las escrituras son los hombres que vagan por el desierto y no los que están perdidos en el bullicio de las ciudades los que escuchan la voz de Dios. El desierto te hace enfrentarte a ti mismo. En ninguna parte puede hallar el hombre un retiro tan imperturbable y tranquilo como en la intimidad de su alma.

EGERIA   ¿Es de la Biblia?

PETRUS   No. *Meditaciones*, de Marco Aurelio.

EGERIA   ¿Un monje cristiano que busca la sabiduría en un emperador pagano?

PETRUS   No es tan extraño. El estoicismo dice que para encontrar la paz debemos vivir acorde a las leyes de la naturaleza. Aceptar nuestro destino. ¿No es eso lo mismo que aceptar los designios de Dios?

EGERIA   Desde el privilegio siempre es fácil aceptar las cosas tal como son. A mí siempre me ha parecido que son los otros los que dibujan mi destino por mí, y siempre he querido cambiarlo. Por ejemplo, yo estaba destinada a casarme con algún cónsul o ser la mujer de un senador. Y habría sido un buen destino. Pero no era el que yo habría elegido ni el que deseaba para mí. Yo deseaba venir hasta aquí, vagar por los caminos y ver cómo era el mundo, ese que siempre me había gustado ver desde los libros.

PETRUS   La elección de la mujer en nuestra época: matrimonio o vida asceta.

EGERIA   No sé si en este camino he encontrado a Dios, pero sí que encontré mi salvación.

           (*Caminan juntos por el escenario, con cierto compañerismo.*)

PETRUS   ¿No te cansas nunca?

EGERIA   ¿De qué?

PETRUS   De tus viajes. De estar siempre en otra parte.

EGERIA   A veces es solitario. Conoces a mucha gente que viene y va.

PETRUS   Yo no sería capaz.

EGERIA   ¿De qué?

PETRUS   De tener que decidir tantas veces quién quiero ser.

EGERIA   ¿A qué te refieres?

PETRUS   Pues que cuando llegas a un sitio… Gente nueva, costumbres nuevas, una lengua nueva, puedes empezar de cero. Es como que el peso de la persona que has sido hasta ese momento no lo llevas. Tienes la libertad de ser quien quieras ser y, aun así, ante esa decisión, elegir seguir siendo tú… Frente a otras muchas posibilidades… No sé… Da vértigo.

EGERIA   La libertad da vértigo, pero de lo que no nos damos cuenta es que nos pasa por delante igualmente, lo queramos o no. Hasta cuando elegimos no hacer nada estamos eligiendo, ¿no?

PETRUS   Creo que has pasado demasiado tiempo entre mujeres filósofas. Empiezas a hablar como una de ellas. Y además, siempre vas con algún papiro entre las manos. (EGERIA *pone cara de sorpresa, como si alguien hubiera descubierto algo*

que para ella es bastante íntimo, un secreto. PE-
TRUS *se encoge de hombros.*) Te he estado ob-
servando desde que llegaste con tu séquito.
Siempre con tu Biblia en las manos haciendo anotaciones a escondidas de la mirada
acusadora de los sacerdotes. ¿Qué es lo que
escribes?

EGERIA   Solo las cosas que veo, desde que empecé el
viaje. Me gusta ver qué hay en esos lugares y
después narrárselo a mis amigas.

PETRUS   ¿A tus amigas?

EGERIA   Sí. A mujeres que no han escogido o no han
podido escoger el mismo camino que yo. Así
podrán ver las cosas que yo he visto. (*Se ilu-
mina un foco de luz en el público.*) ¿Es allí?

PETRUS   Allí es. ¿La ves? La capilla que está en la cima.
Allí pasaremos la noche.

EGERIA   ¡No puedo creer que realmente esté aquí! Me
siento rara en un lugar tan sagrado.

(*Ríe.*)

PETRUS   ¿De qué te ríes?

EGERIA   Nada.

PETRUS   ¿Qué?

EGERIA   (*Feliz, emocionada, es una viajera que ha llega-
                do a la meta de su destino.*) Es solo que cuando
                estaba en Gallaecia jamás pensé que, tras pa-
                sar por un desierto, escalaría una montaña fi-
                losofando con un monje hasta el lugar en el
                que dicen que Moisés recibió los mandamien-
                tos. Yo… Hubo tantas veces que estuve preo-
                cupada por otras cosas… (*Luz de atardecer. El
                sol se pone en la cima del Monte Sinaí, el foco
                de luz poco a poco irá a menos.*) ¿No te da esa
                sensación?

PETRUS   ¿Qué sensación?

EGERIA   (*Pensativa.*) No sé… Son tiempos extraños,
                también. Viendo el sol ponerse… Es como si
                el mundo, tal y como lo conocemos, estuvie-
                ra a punto de desaparecer y hubiese otro que
                está a punto de empezar… (*Animada.*) La
                vida es extraña, ¿no te parece?

                (*PETRUS se ha quedado unos segundos observán-
                dola. EGERIA está radiante, como una conquis-
                tadora con una meta recién lograda. PETRUS se
                sonroja ante su imagen, se pone nervioso. Al fin
                y al cabo, él es un monje asceta, dado a la ora-
                ción y a la tranquilidad, frente a la fuerte per-
                sonalidad de EGERIA, que choca contra él como
                un torbellino.*)

PETRUS   (*Titubea, sin responder.*) Lamento que no en-
                cuentres aquí muchos lujos.

EGERIA   Nunca los he buscado.

PETRUS   Había pensado que tal vez querrías acompañarme en la oración.

(EGERIA *lo mira con curiosidad.*)

EGERIA   Está bien.

(Ambos se arrodillan, quedando frente a frente. Durante unos instantes, rezan en silencio. Fingen no mirarse, tener la vista hacia abajo, pero se les escapa mirar furtivamente al otro cuando tiene los ojos cerrados, como una especie de baile silencioso de miradas. Finalmente, las miradas de ambos coinciden, como por accidente, en medio de ese baile silencioso. En un momento dado entra la música y se produce un cambio en ellos. De repente, se besan apasionadamente. Se atenúa la luz hasta que solo alumbra sus cuerpos. Después, funde a negro.)

Escena tercera

Amanece y hay una luz tenue. PETRUS *se despierta. Se aparta sobresaltado. Se retira, lo más lejos que puede, al otro extremo del escenario mientras se viste. Al poco,* EGERIA *se despierta bostezando, en una actitud más tranquila que la del monje y se viste.*

EGERIA   (*Con guasa, lo imita.*) ¿Necesitáis ayuda, venerable señor? Parecéis agotado. Yo seré quien os acompañe en la bajada del monte Sinaí. Los caminos son peligrosos y podríais necesitar la protección de una mujer fuerte. (*En la noche se ha producido un cambio en la dinámica y los roles se han invertido. Ahora* PETRUS *se encuentra asustado ante sus sentimientos, como si temiese a* EGERIA, *una mujer que le está haciendo dudar de su propia fe.* PETRUS *se mantiene distante.* EGERIA, *contrariada.*) ¿Qué ocurre?

PETRUS   (*Niega con la cabeza.*) Nada. (*Apresurado.*) Vamos, se hace tarde.

EGERIA   (*Inocente y entusiasmada.*) ¡Pero si aún queda todo el día por delante! ¿Se puede saber qué mosca te ha picado? ¿Te ha molestado alguna de mis acciones?

(PETRUS *se vuelve de pronto y la mira con violencia.*)

PETRUS   Te he dicho que no es nada, ¿vale?

(EGERIA *retrocede un poco.*)

EGERIA   (*Airada.*) No entiendo qué pude haber hecho para que reacciones así. Si mi presencia te molesta, descenderé yo sola.

PETRUS   (*Calmándose, rectifica.*) No es eso.

EGERIA   ¿Qué es entonces?

PETRUS   (*Agacha la cabeza.*) Es igual.

EGERIA   (*Exasperada.*) ¿Aprenderéis los hombres algún día que expresar las emociones no es una debilidad?

PETRUS   No es por nada que hayas hecho tú, sino yo.

EGERIA   ¿Qué puedes haber hecho tú que sea tan terrible?

PETRUS   (*La mira intensamente.*) Desear lo que no puede ser deseado.

EGERIA   (*Comprendiendo.*) Así que se trata de eso.

PETRUS   Creo que no soy digno de acompañarte en tu
           camino, Egeria. Yo me prometí a mí mismo
           que amaría solo a Dios.

EGERIA   ¿Y deja uno de amar a un padre por amar a un
           hermano? ¿Qué tiene eso de incompatible?

PETRUS   No lo comprendes.

EGERIA   (Con enfado.) No, sí que lo comprendo. Lo com-
           prendo perfectamente. ¿Quién marca los lími-
           tes? ¿Quién y por qué pone las restricciones?
           Los hombres tienen libertad para hacer lo que
           les plazca. Tienen ante ellos la libertad más ab-
           soluta: la libertad de amar. Incluso tú, que ano-
           che pusiste en entredicho todos tus principios,
           no serás tan duramente juzgado. ¿Y a nosotras
           qué nos queda? Los juicios y las miradas, los
           rumores, el pudor y el buen comportamiento.

PETRUS   Las cosas son así y no puedes cambiarlas.

EGERIA   Yo creo que no hemos entendido nada de cómo
           son verdaderamente las cosas. (Se acerca a PE-
           TRUS.) Ni del deseo. (Se aleja de él.) Ni del
           amor. (EGERIA se sienta y habla, no para PETRUS,
           sino reflexionando.) ¿Cómo podría el amor ago-
           tar al amor? ¿Cómo podría Dios sentir ofensa
           porque alguien ame al prójimo? Además, ¿des-
           de cuándo nos hemos vuelto tan soberbios de
           creer que podemos amoldar el amor a lo que

mejor nos convenga, de creernos que podemos controlarlo? Los griegos adoraban a Afrodita, diosa del amor, y a su hijo Eros, o a Venus y Cupido para los romanos, porque entendían que el amor como una deidad ante la que solo nos queda postrarnos y rogarle que sea buena y no vierta su furia sobre nosotros. Porque entendían que ante el amor estamos indefensos. Al mundo nos ancla solo una cosa y es la misma que nos libera de él. ¿Cuándo volveremos las mujeres a reconquistar el espacio de los afectos? ¿Cuándo se nos dejará de criminalizar por sentir deseo? (*Se vuelve hacia* PETRUS.) A otros, Dios los perdona con más facilidad.

PETRUS   Yo no venero a los dioses antiguos, Egeria. Solo al Señor, que es mi pastor, y yo soy su fiel servidor.

EGERIA   A veces la lealtad es más importante.

PETRUS   ¿Cuál es la diferencia?

EGERIA   Quien es fiel sigue a alguien con devoción ciega. Quien es leal se queda ahí a pesar de las imperfecciones. Me parece que la segunda tiene más valor.

PETRUS   Dios es perfecto.

EGERIA   (*Se encoge de hombros.*) Nosotros no. Por eso es importante que seamos leales.

PETRUS   ¿Y tu lealtad? Tú te fuiste de tu tierra y no has vuelto jamás.

EGERIA   Lealtad no significa que me quede ahí para siempre, sino que a donde vaya, llevaré esa parte siempre conmigo. La honraré todos los días. Lealtad también es no dejar que nada caiga en el olvido. (*Hay una pausa. Entrevemos que* EGERIA *hace aquí alusión a algo no dicho, a su amor por* SILVIA.) Dime una cosa.

PETRUS   ¿El qué?

EGERIA   Si ni siquiera somos libres en el amor, ¿qué nos queda? Petrus, ¿crees que unos seres tan imperfectos como nosotros pueden amar?

PETRUS   (*Derrotado, rendido.*) El Señor nos hizo a su imagen y semejanza. Si él puede amar, nosotros también deberíamos.

EGERIA   La vida ya es bastante absurda como para privarnos de hacer aquello que sentimos.

PETRUS   ¡Amén!

(*Salen ambos.*)

Fin del Tercer Acto.

Cuarton Acto
Escena primera

Texto proyectado: Tuvieron que pasar más de quince siglos para que el nombre de Egeria fuera rescatado de las llamas del olvido. No fue hasta 1884 que, en un convento italiano en Arezzo, el director de su biblioteca, Gian Francesco Gamurrini, hizo un descubrimiento extraordinario: el códice que contenía el *Itinerarium*.

Luz tenue. EGERIA *sola en la habitación.*

EGERIA   Estimadas amigas. Aquí estoy de nuevo en Constantinopla. Ya no sé si me quedan fuerzas para regresar a Hispania, pero cómo desearía volver a veros. Tenedme dentro de vuestra memoria, tanto si continúo dentro de mi cuerpo como si, por fin, lo hubiera dejado. Hay un proverbio que me viene ahora a la cabeza: scrīpta mānent. Por eso escribo. Lo escrito se queda. (EGERIA *deja a un lado el junco con el que escribe y sopla suavemente sobre la tinta para que se seque. Después, apresurándose, recoge todos los pergaminos que hay sobre la mesa y los agrupa. Mira hacia los lados, nerviosa. Se trata de su tesoro más preciado. Sabe que tiene* que esconderlos, que tal vez si alguien los encuentra los destruirá, pues han sido escritos por una mujer. Se apresura con ellos hasta uno de los extremos del escenario, donde los coloca con gran solemnidad. Las luces se atenúan y tras EGERIA queda la proyección de todo el recorrido realizado. De algún lugar sale una música. EGERIA intenta hablar, pero no le sale la voz, metáfora del silenciamiento de las mujeres en la Historia. Se asombra, trata de articular una palabra, pero no puede. Se frustra, es incómodo. Aunque de su boca no sale un hilo de voz, en su rostro vemos que no puede más y su expresión es la de alguien que trata de gritar bajo el agua. Se toca la garganta, pero sigue muda. Finalmente, EGERIA consigue llegar hasta donde se encuentran sus pergaminos. Solo al tocar lo escrito recupera el habla.) En lo escrito está mi voz.

(Todo queda en silencio. EGERIA esconde los papeles en un hueco, esperando que un día encuentren la manera de volver a SILVIA. De volver a casa. Fundido a oscuro.)

Texto proyectado: No sabemos si Egeria llegó a regresar o no a Gallaecia. Para rescatar su vida solo contamos con un fragmento. Las últimas páginas del códice nunca fueron encontradas. Desaparecieron. Fueron destruidas, quemadas, robadas o borradas por el tiempo. Se perdieron y, como la voz de muchas otras mujeres, quedaron sepultadas en ese gran anonimato femenino al que comúnmente llamamos Historia.

Fin.

Esta primera edición de *Egeria*,
de Paula Guadalupe, terminó de imprimirse
en septiembre de dos mil veinticinco,
en Madrid.